AF253895

DIEU

ET

L'UNIVERS

Réfutation de la Philosophie contemporaine

PAR

THÉODORE DE CENAT DE L'HERM

UN FRANC

EN VENTE
CHEZ MICHEL DOUNIOL, ÉDITEUR
29, rue de Tournon
ET CHEZ LES PRINCIPAUX LIBRAIRES

--

1867

DIEU

ET

L'UNIVERS

Poésies Philosophiques

PAR

THÉODORE DE CENAT DE L'HERM

PARIS

TYPOGRAPHIE ALCAN-LÉVY
Boulevard de Clichy, 62.

—

1867

L'on ne veut plus de poésie...

Il faut s'entendre, de poésie futile, fiévreuse, gangréneuse, d'accord ; mais on aime toujours la saine poésie, celle qui ne corrompt pas, ne délire pas et n'est pas déraisonnable.

La bonne poésie est l'art fleuri de plaire en instruisant. Sa tâche est d'enseigner la vertu, en la rendant aimable, et les vérités sublimes, sans les affubler d'oripeaux. Son utilité vient moins de l'éclat que de la vérité de ses tableaux. Qui aime son langage a une belle âme et des mœurs honnêtes.

Avec la rime et la raison, on peut faire de bons vers ; mais, pour faire un poëme, il faut plus.

J'ai tiré du ciel de grandes vérités, et j'en ai

trouvé sur la terre. Qui me lira sérieusement, en trouvera bien d'autres. J'ai traduit à peine la première page du grand livre de l'Univers, ouvert à tous les yeux.

Ce livre est l'épopée de la gloire de Dieu. Dieu lui-même, Dieu seul en est l'auteur. Il a écrit son nom sur le soleil, qui le dit au jour, et ses œuvres sur les étoiles, qui les racontent à la nuit. La langue de ce poëme est universelle : Les yeux l'entendent, la raison l'admire et le cœur la comprend ; mais l'homme ne peut la parler. Il en traduit à peine ces quelques mots : sagesse, puissance, amour, bienfaits, qui, dits de Dieu, ont un sens tout autrement éminent qu'en parlant de nous.

Dieu, bonté, tel est le sens de cette poésie scintillante. L'homme y voit Dieu, l'adore et le remercie; mais lorsqu'il élève sa pensée devant cette majesté brillante, son esprit ébloui recule respectueusement sur son propre néant.

Bien des hommes capables, instruits, ont donné presque tout leur temps à l'étude des sciences, aux affaires, sans chercher à déchiffrer la première page du divin livre où se lisent nos destinées. C'est pour eux que j'ai fait ce travail. Ils ne me feront pas compliment de mon habileté, mais ils me sauront gré de mes intentions et de l'idée d'appeler leur attention sur un sujet bien autrement important que celui qui les a absorbés jusqu'à ce jour.

ARGUMENT

des

DEUX PREMIÈRES PIÈCES

LA CRÉATION & LA PROVIDENCE

———

L'être vrai, l'être parfait, l'être seul de son essence, est éternel. Si le néant l'avait précédé, il eût été impossible; il n'y aurait eu que le néant pour le produire.

S'il y avait eu un seul instant où il n'était pas, il n'eût jamais été ou il eût été produit par un autre, ou il se fût produit lui-même : Il n'en existait aucun autre et, avant d'être, il ne pouvait se produire lui-même, car personne ne donne ce qu'il n'a pas.

L'être vrai, qui a éminemment l'être, l'être absolu, parfait, éternel, est Dieu.

L'être vrai a de l'être pur et parfait autant qu'il peut y en avoir ; il est riche de tout le vrai bien possible, il a l'intelligence, la science, la sagesse, la puissance, l'inaltérabilité, et tous ces biens à l'infini, rien n'ayant pu le borner.

Eh bien ! n'est-il pas évident que l'univers n'est pas cet être ?

Oui, c'est Dieu qui a fait passer l'univers de la possibilité à l'existence. S'il avait fallu à Dieu une cause pour exister, Dieu eût été impossible ; et l'univers eût été impossible, s'il n'avait eu Dieu poúr cause.

Ainsi, l'existence de l'univers est la démonstration évidente de l'existence de Dieu.

Par sa toute-puissance, il a produit la matière; par sa sagesse, il l'a formée et disposée dans l'espace avec un art tellement admirable, qu'elle révèle à notre esprit l'existence et les attributs de son créateur. Les astres des cieux et l'ordre physique des mondes célèbrent sa gloire et rien ne peut l'obscurcir.

La terre est-elle la seule planète de notre monde solaire qui soit habitée ? Les planètes des autres mondes sont-elles habitées ? Nous l'ignorons, si, pour le savoir, il faut l'avoir vu; et, quels que soient les instruments de leurs observations, les astronomes ne parviendront jamais à découvrir s'il existe ou non des êtres vivants sur ces astres.

Il faut donc, à ce sujet, s'imposer une grande sobriété d'hypothèses.

Le respect que nous devons à la suprême sagesse créatrice, plus éloignée de la sagesse humaine que les mondes ne sont éloignés de nous, nous défend de sonder cet inconnu, dont la connaissance nous est, d'ailleurs, inutile. En nous bornant à ce qui est à notre portée, nous restons, comme les habitants des autres mondes, s'il y en a, chacun chez soi.

Toutefois, il n'est pas téméraire d'affirmer qu'il est très vraisemblable que le créateur ait établi, sur les planètes des mondes, des hiérarchies de créatures raisonnables, pour se faire des adorateurs dans tout l'univers.

Pour les produire, il n'a eu qu'à unir, par le lien de la vie, toute sorte d'esprits à toute sorte de corps, le nombre et la puissance des sens allant en raison directe du degré des facultés intellectuelles.

Il en serait donc partout comme sur la terre : Dieu, après l'avoir créée, y produisit la vie et l'intelligence. L'homme voit la création et il en jouit. Il connaît le créateur et il lui rend un culte.

J'avoue que l'homme et tous les êtres contingents ne sauraient augmenter la félicité dont surabonde un être si grand que Dieu, qui renferme inclusivement en soi tout le bien vrai, et que c'est en vain qu'il lui vient, du dehors, un immense tribut de louanges, dont il n'a que faire; mais, quoique cette prodigieuse glorification qui est de droit rigoureux, ne soit qu'un bien d'un ordre accidentel, Dieu ne dédaigne pas ce bien ; car toute la création en est un de cet ordre.

En effet, que sont les esprits et qu'est-ce que la matière? Ce n'est pas l'être vrai et ce n'est pas le néant. Ce sont des existences produites, plus ou moins grandes, plus ou moins réelles. Les esprits sont un bien pour eux-mêmes. Ils jouissent de leur existence, ils la sentent *à priori*, par leur activité spontanée et par l'exercice de la faculté intime qu'ils ont dé sentir, de penser, de vouloir librement et ils jouissent de la matière par les sensations qui leur en viennent. La matière est donc aussi un bien, puisqu'elle donne aux esprits de grandes jouissances. Telle est la raison d'être des deux substances qui composent l'univers. Cette raison ne saurait être celle de l'existence de notre monde sans être celle de l'existence des autres. La matière est pour les esprits, les esprits sont pour eux-mêmes et pour Dieu. Tout vient de Dieu, tout est à Dieu.

Dieu a quitté sa solitude éternelle pour l'univers, jardin de délices des esprits, qu'il a créés et qui n'ont pas prévariqué.

LA CRÉATION

O père des humains ! mon âme te bénit
De tous les biens du corps et des biens de l'esprit.
Quand brillent, dans l'azur, les astres de la nuit
Et, quand l'astre du jour à son tour nous éclaire,
C'est de toi que nous vient leur céleste lumière.

Notre esprit, sans le corps, serait privé des sens
Par lesquels il jouit de tous les biens présents.
Notre corps, notre esprit, de Dieu sont des présents.
Mesurant ses bienfaits à sa toute-puissance,
Il ne met point de borne à sa munificence.

En voici l'épopée : oh Dieu ! c'est l'univers :

Les mondes infinis en composent les vers.

De ce poème écrit en astres si divers,

Grâce à mes facultés, sublimes et puissantes,

Je lis avec transport les pages ravissantes.

Ta gloire est dans les cieux et les cieux sont partout.

Avant les cieux, tu fus éternellement tout.

Tu les créas pour nous, pour ta gloire avant tout,

Et, pour être adoré par un être qui pense,

Dans un beau corps vivant tu mis l'intelligence.

Hier dans le néant, sur la terre aujourd'hui,

Adam voit le soleil et les cieux devant lui ;

Il marche sur les fleurs, contemple l'infini ;

Pour comble de bonheur, il vient de reconnaître

Le créateur du monde et l'auteur de son être.

Fier de se voir le roi d'un empire si grand,
Demain, il se croira l'égal du Tout-Puissant.
Dieu voit et va punir ce crime révoltant.
Son fils veut l'expier : de l'homme il prend la place,
Et ce divin Adam de l'autre obtient la grâce.

Ivre d'un fol orgueil, Adam a dit à Dieu :
Tu me défends un fruit, eh bien, je te crains peu,
Je brave, ainsi que toi, tes supplices de feu !!
Il a trop présumé de sa faible nature ;
Dieu l'anéantirait... mais c'est sa créature !

Par Dieu l'homme créé, fut par Dieu racheté,
Il était donc deux fois le fils de sa bonté !
Mais qu'avait-il tant fait pour l'avoir mérité ?
Ingrat, ambitieux, pour usurper sa gloire,
Il avait effacé son nom de sa mémoire.

Sa faiblesse, ô prodige ! a sauvé sa grandeur ;
A l'une il doit sa chute, à l'autre son Sauveur.
Ses fils, ses héritiers, de son mal font le leur ;
Ils ont toujours marché sur les pas de leur père,
De leurs honteux excès, ils ont souillé la terre.

Dieu ! les anges au ciel contemplent ta beauté !
Les hommes sur la terre admirent ta bonté.
Qu'elle est grande pour eux ! Enfants d'iniquité,
Ils demandent pardon, et ta bonté l'accorde,
Et tu deviens pour eux Dieu de miséricorde.

Quand de ses fils ingrats Dieu fait des bienheureux,
Et quand le Tout-Puissant est miséricordieux,
Tout bon qu'il est, peut-il l'être plus à leurs yeux?
Un pécheur pardonné met le comble à sa gloire,
Si le nombre en est grand, que devons-nous en croire!!

ÉPILOGUE

nthéistes osés ! l'universalité
s mondes, selon vous, est la divinité.
ans le vide infini, chaque monde, à sa place,
est mis en équilibre, en raison de sa masse!...
e toute éternité, les premiers éléments,
es atomes, doués d'éternels mouvements,
e heurtaient, s'accrochaient, ils étaient la semence
es beaux astres auxquels ils ont donné naissance.

tomes, univers, auraient-ils existé
ans l'un et l'autre état, de toute éternité?
on. L'univers, produit de matière éternelle,
'eût jamais existé que longtemps après elle.
Les astres commencés s'entr'aidaient-ils en frères ?
Vous l'ignorez. Ce sont, direz-vous, des mystères.

2

Dans l'espace flottaient les atomes d'abord;
Ils formaient l'univers qui n'était pas encor...

Soit ! Ainsi la science allume un grand flambeau,
Et, pour nous éclairer, le couvre d'un boisseau.
Mais les astres ont-ils su trouver leur distance
Et pu marcher sans *force* et sans *intelligence* ?
Si la terre avait pris la place de Vénus,
Qui ne voit ce qu'alors nous serions devenus?
Et si la lune allait sortir de son orbite,
La terre resterait bientôt sans satellite.
Quoi ! les globes des cieux, lorsqu'ils se sont produits,
Se sont faits, les uns grands et les autres petits;
Les opaques ont eu l'esprit, comme la terre,
D'emprunter d'un soleil la lointaine lumière !
Chacun sera sphérique, et, d'un commun accord,
Tous feront une ellipse autour d'un Dieu qui dort !!!

Laissons tourner ces Dieux, éclos de la science,
Et rendons gloire au Dieu de notre intelligence.

Nota. — Ce qui précède et ce qui suit est à l'adresse du panthéisme, du positivisme, et de toutes les folies des sciences épicuriennes, au fond desquelles, regardez-y de près, vous trouverez les atomes, pères de l'univers et de l'intelligence humaine.

On ne réfute pas laborieusement l'absurdité, il suffit de la voir. Celle des prétendus systèmes de nos étranges philosophes qui jettent les atomes aux yeux de leurs contemporains, saute aux yeux des esprits sains et sans préjugés. Voici les conclusions morales de ces folies : Dieu est le mal, la famille est l'immoralité et la propriété est le vol.

Choisissez, bons lecteurs, entre les grands principes de ces messieurs et l'existence de Dieu, la création, la providence; entre la vérité et l'égarement, la raison et la folie. Consultez votre intérêt ; à vous de savoir si vous préférez aller à vos éternelles destinées sans souci et sans Dieu, ou avec la lumière de votre raison éclairée d'en haut. Je suis désintéressé à votre choix, qui est une affaire personnelle et de simple bon sens ; mais prenez bien garde : l'erreur est le poison des âmes, mais la vérité en est le remède. A quoi vous serviraient les fleurs de la poésie ? Elles n'ont encore guéri personne et elles ont souvent doré le poison. Ne rebutez donc pas les vérités que je vous présente, parce qu'elles sont peu parées de fleurs.

LA PROVIDENCE

Quand son vêtement de lumière
Resplendit du ciel sur la terre;
Quand son manteau bleu pend aux cieux,
Scintillant d'astres radieux;
Dans sa grandeur je vois paraître,
De l'univers, le puissant maître.

De la nuit les portes sont closes,
Un géant sort d'un lit de roses.
A l'aurore il a fait sa cour,

C'est le brillant astre du jour,
Il monte au ciel de notre monde,
Pour rendre la terre féconde.

Sa chaleur donne à la nature
La vie et sa riche parure;
Elle soulève de la mer
Des vapeurs qui, montant dans l'air,
Vont s'y condenser en nuages,
Et tombent en pluie, en orages.

Qui chargea de ce ministère
Le soleil, la mer, l'atmosphère?
C'est le Créateur tout-puissant;
Il fit de l'homme un roi si grand,
Qu'il faut que toute créature
Le serve selon sa nature.

Avant ce grand ordre de choses,
D'autres encor plus grandioses
Venaient d'accomplir le projet,
Qu'éternellement Dieu faisait,
De créations innombrables,
Et différentes et semblables.

Car la divine Providence
Avait mis, à toute distance,
Tant de mondes dans l'infini,
Que, l'en ayant enfin rempli,
Il ne restait plus que la place
De notre monde, dans l'espace.

Quelle grandeur, quelle sagesse,
Quelle éblouissante richesse,
Que de diamants radieux,

Brillèrent alors dans les cieux !
Et quelle bonté sur la terre !
C'est là que Dieu parut en père.

Avec sa profonde industrie,
Il lie au tout chaque partie,
Et par la gravitation,
Et par la pondération.
Les mondes sont en équilibre
Et chacun, dans sa sphère, est libre.

Ils servent ainsi l'un à l'autre,
Et tous servent encor au nôtre.
Pour nous la divine bonté
Va jusques à l'immensité ;
Quelle est notre reconnaissance ?
Jamais aucun de nous n'y pense.

Les astres des astres dépendent ;
Sans les services qu'ils se rendent,
Les astres n'existeraient pas.
Sans soleil, ni lune, ici-bas,
La terre, étant sans raison d'être,
N'aurait dû jamais y paraître.

Mais consultez l'astronomie
Qui des astres sait l'harmonie,
Les lois qu'ils suivent dans leurs cours,
Leurs absences et leurs retours,
Et dans leur innombrable troupe,
Nous dit les noms de chaque groupe.

L'universalité des mondes,
Entassés en couches profondes,
Dans tous les espaces divers,

Est ce tout qu'on nomme univers,
Où brille la toute-puissance
De la divine Providence.

Elle brille dans chaque sphère,
Et, nous voyons sur notre terre,
La Providence produisant
Et sagement organisant
Ce qu'il faut à sa créature,
Pour vivre selon sa nature.

Des plantes qui couvrent la terre,
Qui sema la graine première?
Seigneur, tu fus ce grand semeur :
Dans la graine tu mis la fleur;
Par l'une et l'autre, dans la suite,
Chaque espèce s'est reproduite.

Dans tes grands trésors botaniques,
Tu pris les formes organiques
De cette végétation
Qui, de la terre, est la toison.
Tu fis cette toison vivante,
Car la vie est dans chaque plante.

Cette vie est sans jouissance,
Elle ignore son existence.
Pour l'homme et pour les animaux
Furent créés les végétaux ;
Des plantes s'élève une chaîne
Qui croît jusqu'à la vie humaine.

Bientôt cette première vie
D'une plus complète est suivie.
Les animaux créés vivants

Recèlent, dans leurs propres flancs,
Une postérité latente
Qui doit être, à son tour, vivante.

Jouissant de leur existence,
Ils pourvoient à leur subsistance ;
Ils reconnaissent leurs pareils ;
Ils ont des sens, des appareils,
Pour toucher, pour voir, pour entendre,
Et pour fuir, ou pour se défendre ;

Mais leurs yeux sont près de la terre,
Leur partage et leur fin dernière.
L'homme a tout autrement les yeux ;
Seul, il voit la terre et les cieux,
Son séjour et sa destinée,
L'un triste et l'autre fortunée.

Il admire son origine,

Terrestre à la fois et divine.

Il est un être sans égal;

Il connaît le bien et le mal,

Sa raison et sa conscience

En voient l'extrême différence.

De Dieu la famille vivante

Tient tout de sa main bienfaisante.

Si l'homme a le plus de besoins,

Il en reçoit les premiers soins;

Mais, rien de tout ce qui respire

N'en est privé dans son empire.

Quand Dieu fait un être qui pense,

Il n'y met rien de son essence,

Mais il laisse, entre l'homme et lui,

La distance de l'infini,
Que, par les biens de la nature,
Il comble pour sa créature.

Le jour qu'il nous donne, la vie,
De peur qu'elle nous soit ravie,
Dieu la confie à nos parents,
Jusqu'à ce que nous soyons grands ;
Alors de nous il les décharge,
Et nous restons à notre charge.

Nous naissons faibles et stupides,
Mais entourés d'amis, de guides.
Grâce à leurs soins, à leur amour,
Il nous vient un peu, chaque jour,
Et de force et de connaissance,
A mesure que l'âge avance.

Quand notre lampe est allumée;
L'huile s'use en flamme, en fumée.
Nos yeux seraient bientôt éteints,
Si nous n'avions reçu des mains
Pour mettre de l'huile à la lampe,
Dans laquelle leur mèche trempe.

Sans les mains nous ne pourrions vivre,
Mais, sans les yeux, il va s'ensuivre
Que les mains ne trouveront pas
Ce qu'il nous faut pour nos repas.
Qui nous a faits comme nous sommes?
Est-ce nous? sont-ce d'autres hommes?...

Enfants, Dieu nous donne une mère;
Hommes, il nous donne la terre,
Et nous nous lèverons matin,

Afin de gagner notre pain.
Pour nous, c'est une tâche ardue,
Souvent le plus robuste y sue.

Dieu montre tous les arts à l'homme,
Qui donne à son vin de l'arôme,
Se nourrit d'exquis aliments,
Porte de riches vêtements,
Prend à la vapeur sa puissance,
Pour voler à toute distance.

Et cette faible créature,
Par les forces de la nature
Et les forces des animaux,
Produit de merveilleux travaux
Qu'exécutent ses mécaniques,
Au dehors et dans ses fabriques.

Par une incroyable industrie,
Sa parole est partout ouïe,
Et, grâce à l'électricité,
Elle a presque l'ubiquité.
A Paris, à peine elle est dite,
Qu'à Pétersbourg elle est écrite.

La mer embrasse au loin la terre.
Un marchand, sur une galère,
Ira chercher en Orient
Les délices de l'Occident.
Son navire sillonne l'onde ;
Mais quoi !... Si la tempête gronde !...

Pour ces périlleuses campagnes,
Tu t'embarques, tu l'accompagnes,
Seigneur ! c'est toi qui le défends

Contre la mer, les ouragans.
Lorsque sur la mer tu résides,
Ses flots ne sont pas homicides.

Trop près du bord de la rivière,
Un pauvre a dressé sa chaumière.
Cruelle désolation !
Il vient une inondation ;
Par les eaux elle est emportée,
Pas une pierre n'est restée...

Un pauvre de son voisinage,
Accourt, lui dit : Frère, courage !
Amène chez moi tes enfants,
Ils sècheront leurs vêtements ;
Nous, nous aurons deux ménagères,
Et tes enfants auront deux mères.

S'il vient à perdre sa fortune,
L'homme de bien en retrouve une,
Dans l'estime de ses amis.
C'est Dieu, dit-il, qui l'a permis.
Il sent que sa vertu s'épure,
Il prend ce revers sans murmure.

Un homme sort de la poussière,
Il lève au ciel sa tête altière,
Il voit, comme s'ils n'étaient pas,
Ceux qu'il rencontre sur ses pas.
Mais sa fortune est foudroyée,
La Providence est justifiée.

Que du haut de l'Europe tombe,
Avec plus d'éclat que la bombe,
Un conquérant qui fit, dix fois,

Tomber les peuples et les rois ;
Il va, de sa chute profonde,
Mourir à l'autre bout du monde...

L'aigle est au comble de la joie :
Il vient de saisir une proie,
Dans la profondeur des vallons ;
Il vole au ciel, vers ses aiglons,
Qu'il sait affamés dans leur aire,
Au sommet de la Cordillère.

Dieu prépare au plus petit être
Un aliment pour le repaître.
Il ne donne pas au ciron
La nourriture du faucon ;
Il le fait vivre d'un atome,
Comme de pain il nourrit l'homme.

Si le papillon a des ailes,
Que lui sert-il qu'elles soient belles?
Sans elles il ne vivrait pas :
A ce qui sert à ses repas,
De fleur en fleur, souvent le porte,
L'homme vivrait-il de la sorte?

Les eaux douces, les eaux-amères,
Sont de liquides atmosphères
Où volent, comme les oiseaux,
De grands, de petits animaux.
Dieu garde ces troupeaux de bêtes,
Sans ailes, sans pieds et muettes.

Il remplit les eaux, l'air, les terres
De substances alimentaires.
Il aime tant tout ce qui vit,

Quoiqu'il n'en tire aucun profit,
Que, pour prodiguer plus la vie,
Il en rend la forme infinie.

Si les cieux célèbrent sa gloire,
La terre raconte l'histoire
De son adorable bonté
Pour l'homme, son enfant gâté;
Et pour sa famille vivante,
Sa sollicitude incessante.

A LA DIVINE PROVIDENCE

O toi qui m'as fait naître, ici, sur cette terre,
Qu'un astre radieux, de loin, réchauffe, éclaire,
Pourquoi me fais-tu voir des biens où je me perds,
Qui, de moi, vont s'étendre au fond de l'univers.

De la beauté des cieux que mon âme est touchée !
Mais une autre beauté par les cieux m'est cachée,
C'est toi que, sans les cieux, je n'aurais pas connu ;
Par eux je te connais, sans t'avoir jamais vu.

Hier, je n'étais pas, aujourd'hui je t'adore,
Par derrière les cieux qui te cachent encore.

Je désire te voir, car je t'aime déjà ;
Romps les cieux et dis-moi : Me voilà, me voilà !
Mon cœur n'est point ingrat devant ta bienfaisance,
Mais il veut t'aimer plus que par reconnaissance.
Tes dons n'ont pas assez de charmes pour mon cœur,
Retire-les : c'est toi qu'il faut à mon bonheur !

Pour te voir me faudra-t-il donc encore attendre ?
Oh ! ce n'est pas à toi jusqu'à moi de descendre !
Moi, je ne puis franchir la barrière des cieux,
Et mon esprit s'arrête où s'arrêtent mes yeux.

Mais il viendra le jour que ta sagesse règle,
Où, d'un vol plus puissant que le grand vol de l'aigle ,
J'irai te voir, ô toi qui créas mon esprit ;
Mon cœur, jusqu'à ce jour, ne t'aura pas tout dit.

L'IMMORTALITÉ DE L'AME

Tu vas, jeune soldat, pour montrer ton courage,
Mourir, dans les combats, à la fleur de ton âge.
Mais la vie est un bien et le plus grand de tous ;
Qui le perd sans un autre, est le pire des fous.
Qu'est-ce que ton courage ? Une vaine chimère,
Et, fût-il un grand bien, qu'en pourrais-tu donc faire ?
Tu dis qu'une fois mort, tu ne seras plus rien,
Et qu'ainsi, tu n'auras plus besoin d'aucun bien ;
Qu'une heure après ta mort, ton âme évanouie
Sera ce qu'elle était, une heure avant ta vie.
Ton courage à ton âme eût-il donc survécu,
Tu ne peux en jouir, il est pour toi perdu.

Tu meurs, tes compagnons remportent la victoire,
Ils te couvrent de terre et c'est toute ta gloire.

Jeune soldat, la mort ce n'est pas le néant,
Car après cette vie, une autre nous attend.
La vie est le lien entre le corps et l'âme,
Le corps est pénétré de cette intime flamme,
Et, quand elle s'éteint, de vivre ayant fini,
A l'âme, au même instant, il cesse d'être uni.

L'âme n'est pas le corps, c'est une autre substance :
Le corps ne pense pas, l'âme est l'être qui pense !
De l'âme notre corps est l'instrument vivant,
S'il meurt, tout change, alors l'âme est sans instrument ;
Elle a vu l'univers, passant de l'œuvre au maître,
Elle quitte la terre, elle va le connaître.
Qu'est-ce que le néant? Rien. C'est ce qui n'est pas.
Donc l'âme existe *après*, comme *avant* le trépas.

Va donc, jeune soldat, mourir pour la patrie,
Va ! c'est un héroïsme et non une folie.

Le corps même, à la mort, n'est pas anéanti,
Il rentre dans l'état dont il était sorti.
Du corps il ne périt pas un grain de poussière,
L'âme, image de Dieu, périrait tout entière !
Dieu n'anéantit rien de ce qu'il a créé,
Et le néant serait à l'âme réservé ! !
Non, non, c'est impossible. Eh bien, je vais poursuivre :

Si l'âme doit finir quand on cesse de vivre,
D'où nous vient le besoin de n'avoir pas de fin ?
C'est un désir inné ; si ce désir est vain,
S'il trompe l'homme, Dieu trompe sa créature,
Puisque c'est Dieu qui l'a mis dans notre nature.
Si quelques malheureux, livrés au désespoir,
Attentent à leur vie, ils font, sans le savoir,

Ce qu'ils ne veulent pas ; ils chérissent la vie,

Ils n'en veulent qu'aux maux auxquels elle est unie,

Et puis, croyant qu'elle est la cause de ces maux,

Ils font ce que ne font jamais les animaux.

Quoi ! n'espérons-nous pas une autre vie absente ?

Celle que nous avons souvent nous mécontente.

Un nuage doré cache, dans l'avenir,

Une vie, un bonheur qui ne doit pas finir.

On le sent, on le pense, on le craint, on l'espère,

Selon qu'à Dieu l'on croit ou plaire, ou bien déplaire.

C'est plus qu'un sentiment, c'est un dogme divin,

Que toujours, sur la terre, a cru le genre humain.

L'enfer, le paradis, ne sont point des chimères,

Ce sont des vérités aux hommes nécessaires.

Sans elles, le mal règne, il n'est plus de vertu,

L'ordre, le droit, le vrai, tout reste confondu ;

La vertu n'attend plus sa grande récompense
Et le mal ne craint plus la céleste vengeance.

Mais, quand, dans l'autre vie, et l'enfer et le ciel
Attendent l'homme juste et l'homme criminel,
L'espérance de l'un enflamme son courage,
L'autre est épouvanté des maux qu'il envisage.

Sans l'immortalité, plus de religion.
La morale n'est plus, faute de sanction.
Qui dit qu'après la mort, l'âme est évanouie,
Dit qu'il en a besoin, dit qu'il est un impie,
Parle contre lui-même et la société,
Et le genre humain a contre lui protesté.
Tremblez méchants, tremblez, votre âme est immortelle,
Vos remords vous l'ont dit. Ayez donc pitié d'elle !

Toi qui vis dans la foi de la vie à venir,
Tu vis en vrai chrétien et souvent en martyr.

L'injustice t'éprouve, elle frappe à ta porte;
Tu t'en indignes, mais ta vertu la supporte.

La pauvreté la suit. En perds-tu la raison?
Non, tu vis avec elle, en paix, dans ta maison.

Un jour, la maladie amène la misère...
Plus de pain. Tes enfants pleurent avec leur mère.

Encore inébranlable, au lieu de murmurer,
Nous souffrons, leur dis-tu, Dieu veut nous éprouver,
Sur vous, comme sur moi, s'étend sa Providence,
Espérons et prenons nos maux en patience.
Il les bénit, il prie, il sourit; il est mort!...

De cet obscur héros qui n'envierait le sort?
Méchant qui ne crois pas à l'éternelle vie,
C'est à toi, c'est à toi de lui porter envie!

NOTE

Après sa création et la création de la femme, Adam vivait dans un état de bonheur si profond et de sécurité si parfaite, qu'il lui vint de se croire indépendant et de n'avoir pas à compter avec Dieu. Cette pensée, ce sentiment superbe se manifesta par la désobéissance à la seule défense que son Créateur lui avait faite, sous peine de la mort éternelle.

Voyant l'homme perdu à jamais, le fils de Dieu en eut pitié et il s'offrit à le sauver, en se faisant semblable à lui.

4000 ans plus tard, il accomplit cette généreuse promesse, en s'incarnant en Jésus, fils de Marie. Il se dévoua jusqu'à la mort, pour montrer l'excès de sa miséricorde et de son amour. Après les tourments inénarrables de sa passion, il mourut en Dieu, sur le Calvaire.

LA MORT DE JÉSUS

Est-il quelque mont sur la terre
Glorieux, comme le Calvaire ?
Ce mont, autrefois ignoré,
Depuis vingt siècles illustré,
A dû sa célébrité sainte
A Jésus, dont la vie éteinte,
Et, par lui reprise, en ce lieu,
Prouva qu'il était fils de Dieu.

Je vois, sous un ciel magnifique,
Une victime sur l'autel.
S'il faut qu'autrement je m'explique,
Au Calvaire, en face du ciel,

Je vois une grande victime,
Et, devant elle, hélas ! je vois
Un peuple qui commet le crime
De l'immoler sur une croix.

La croix s'élève entre deux autres,
Où sont cloués deux malfaiteurs.
Abandonné de ses apôtres,
Jésus est entre deux voleurs.

La foule, qu'avait ameutée
Une perfide faction,
A la victime ensanglantée,
Vomit la malédiction,

Les outrages, à pleine bouche.
Le patient reste muet,
Devant cette haine farouche,
Et, de son sang, teint son gibet.

Il a soif, il demande à boire;
A sa soif il faudrait de l'eau,
C'est un breuvage dérisoire
Qu'il reçoit au bout d'un roseau.

Puis, cette vile populace
Fléchit le genou devant lui,
Crie, à mesure qu'elle passe,
Roi des Juifs, ton règne est fini !

Au pied de sa croix est sa mère,
Jean, le plus cher de ses amis;
Il leur dit : Jean, voilà ta mère !
Vous, femme, voilà votre fils !

Ce testament fait, il s'écrie :
O mon père ! pardonnez-les,
S'ils me traitent avec furie,
C'est parce qu'ils sont aveuglés.

Il se recommande à son père,
Remet son âme entre ses mains.
Tout est consommé sur la terre,
Sa mort accomplit ses desseins.

Il expire... la terre tremble,
Et, par un prodige pareil,
Il est jour et nuit, tout ensemble,
La lune éclipse le soleil.

Autres merveilles inconnues,
Des grands prophètes d'Israël,
Jérusalem voit, dans ses rues,
Errer le corps, jadis mortel.

Sans ces étranges témoignages,
Son trépas, calme et solennel,
Est plus grand que la mort des sages,
Plus grand que la mort d'un mortel !

Ta fin, Socrate, est immortelle ,
Tu mourus pour la vérité.
La mort de Jésus est plus belle,
Elle a sauvé l'humanité.

Des supplices les plus infâmes,
La croix fut l'instrument honteux.
Depuis qu'elle a sauvé les âmes,
Est-il rien de si glorieux !

Jésus, mourant à notre place,
Apaisa le divin courroux ;
Sa mort aux hommes obtint grâce
De l'enfer, qu'ils méritaient tous.

Jésus a sa croix triomphante
Pour son trophée, au haut des cieux.
Sa cour, devant elle, lui chante
Un hosanna mystérieux.

Croix éblouissante de gloire,
Tu portas Jésus dans les airs,
Quand il remporta la victoire
Sur la mort et sur les enfers !

TRADUCTION DU PSAUME

Super flumina Babylonis

Esclaves dans Babylone,
Nous ne voulions voir personne,
Sur le bord du fleuve assis
Nous pleurions notre pays,
Notre liberté perdue.
Notre harpe supendue,
Aux vieux saules de ses bords,
En deuil de nos frères morts,
En deuil de nos jours de fête,
Notre harpe était muette.
Et nos barbares vainqueurs,
Les auteurs de nos malheurs,
Venaient encor nous dire :
Chantez-nous sur votre lyre
Les cantiques de Sion.

Dans la désolation,

Nous, sur la terre étrangère,

Loin de notre sanctuaire,

Chanter nos hymnes sacrés

A ces hommes abhorrés!...

Oh! si jamais je t'oublie,

Jérusalem, ma patrie,

Que j'oublie aussi ma main!

Puisse ma langue, soudain,

A mon palais attachée,

Y demeurer desséchée,

Si Jérusalem n'est pas

Ma seule joie ici-bas!

Au jour de notre ruine,

Ce peuple qui nous domine

Poussait d'affreux hurlements,

Criait : Jusqu'aux fondements

Renversons leur grande ville
Et son temple, leur asile.
Tu les entendis, Seigneur !
D'Edom sois notre vengeur.

O fille de Babylone !
Maudit soit qui te pardonne !
Béni soit qui te rendra
Tous nos maux de ce jour-là,
Celui qui, dans sa colère,
Brisera contre la pierre
Les enfants de cet Edom,
Dévastateurs de Sion !...

**Babylone est la figure de ce monde.
Jérusalem est l'image du ciel.
Avons-nous, lecteurs, les sentiments des captifs de Babylone ?...**

L'INNOCENCE

A L'ÉCOLE DE LA VERTU

Petit enfant, couleur de lis,
Tu fais les charmes du village
Et tu fais l'espoir du pays.

J'aime à contempler ton visage,
Ton front rayonnant, tes yeux bleus,
Où d'un ange on voit l'innocence.
Es-tu quelqu'habitant des cieux?
Non. Je te vois la ressemblance
De ta mère, dont les vertus
Exhalent le parfum des roses;
Tu les lui prends de plus en plus,
Tu les cueilles à peine écloses,
En bondissant comme l'agneau

Qui court et saute après sa mère,
Sur le bord fleuri du ruisseau.

Mais, bientôt, tu suivras ton père,
Enfant tu t'épanouiras,
Et, le prenant pour ton modèle,
Dans ses vertus tu grandiras.
Donc ta carrière sera belle,
Car tu feras toujours le bien ;
Tu seras pieux, bon, aimable
Et, comme lui, parfait chrétien.
En tout tu lui seras semblable,
Aujourd'hui, demain et toujours
Tu feras comme tu vois faire
Aux nobles auteurs de tes jours.

Et déjà tu fais ta prière
A ton coucher, à ton réveil.
Ton ange regarde à la porte,

Il croit voir un saint de vermeil,
Sur son aile il la met, la porte
A Dieu qui l'attend dans les cieux.
Tu sors, sur les pas de ton père,
Après ton murmure pieux,
Pour visiter, dans sa chaumière,
L'indigent, et tu dois comprendre,
Dans ton cœur si tendre,
Quelle est sa douleur;
Car ta main mignonne
S'avance et lui donne
Pour avoir du pain,
Et, par ton sourire,
Tu sembles lui dire :
Tu n'auras plus faim,
Sois content, espère,
L'enfant ou le père
Reviendra demain.

L'ESPRIT MALIN ET L'ESPRIT PERVERS

L'esprit est indifférent,
Il ne haît pas plus qu'il n'aime ;
Il ne fait rien de lui-même,
Du cœur il est l'instrument.
Non, seul, l'esprit ne fait rien,
Dans sa trempe faible ou forte,
Mais la volonté le porte
A mal faire ou faire bien.
L'on s'en prend donc à l'esprit
Quand la volonté coupable,
Du mal le rend responsable,
A cause qu'il y souscrit.

I

On appelle esprit malin,
Un esprit dont la pensée,
Au mal toujours disposée,
Aime à causer du chagrin.
S'il découvre des travers,
Il en fait des moqueries,
De mordantes railleries,

Soit en prose, soit en vers.
Des amours-propres blessés
Dont il cause le martyre,
Il est le premier à rire
Pour consoler les vexés.
Un autre esprit moins malin
Saiı l'art gai de faire rire,
Mais sans causer le martyre,
Cet esprit est l'esprit fin.
Quand il trace les portraits
De gens qui se croient capables,
Sous des couleurs charitables,
Il en embellit les traits.
Il flatte traîtreusement,
Et, sa victime enchantée,
Se trouve si bien traitée
Qu'elle le prend en riant.

II

Parfois un jeune talent
Trop brillant à son aurore,
Ressemble à ce météore
Qui tue en éblouissant.

An mal porté par son cœur,
Fier d'un brillant cours d'étude,
Plus d'un bel esprit prélude
A devenir corrupteur.
« Réfutons, dit l'orgueilleux,
Les dogmes et la morale;
Mettons fin à ce scandale
Des temps superstitieux.
Disons que rien n'est divin,
Que tout est dans la nature;
Disons, avec Epicure,
Que la vie est un festin,
Que la probité suffit,
Que le reste est arbitraire,
Que la raison est contraire
A ce qu'a dit Jésus-Christ.
Faisons tomber Dieu du ciel,
S'il fait cette chute immense,
L'univers est sans naissance,
L'univers est éternel. »
Un peuple a-t-il sous les yeux
Ces effroyables idées,
Brillamment recommandées !
Ce peuple est bien malheureux.

Habilement déguisé
Sous de brillantes images,
Qui produisent des mirages,
Le vice est divinisé.

Un homme d'un haut talent,
Dont la richesse est immense,
Prêcha l'athéisme en France,
Dans un langage étonnant.
Ce bel esprit sans pareil,
Qui méprisa la lumière,
Cet imposteur fut Voltaire,
Un phénomène d'orgueil.
D'autres esprits subversifs,
Dans le rôle d'incrédules,
Se montrèrent ses émules,
Ils sont ses diminutifs.
Après lui brilla Rousseau.
Ils eurent des pléiades
D'autres illustres malades
De leur fièvre de cerveau.

Ces esprits pervers passés,
Dieu sauva l'ordre et le monde.

De nouveau la terre gronde,
D'autres les ont remplacés.
L'avenir n'est pas pour eux ;
La fortune de la France,
Œuvre de la Providence,
Montera jusques aux cieux.
Du Christ la religion
Porte haut ses destinées.
Qui les croirait terminées
Serait dans l'illusion.
Entre le bien et le mal
Existe un duel immense,
L'un toujours a bonne chance,
L'autre n'est pas son égal.
Toujours on vit dans leurs camps,
La troupe de chaque armée,
Inégalement armée,
Inégale en combattants.

FIN